김환생 제3시집

낙일(落日)

김환생 제3시집

낙일落日

순수

시인의 말 ◆

세 번째 詩集을 냅니다

　異常氣候로 인해 全世界가 異變을 겪고 있습니다. 그 속에서 이 땅에 到來한 몇십 년 만의 暴炎을 동반한 今年 여름을 어떻게 기억해 줘야 할까? 너나 없이 땀을 흘리며 무더위에 지치긴 했지만, 한편으로는 過體重을 조절할 수 있는 好期를 맞아 內心으로는 즐거운 웃음을 멈추지 않은 분들도 많았을 것이네요.

　두 번째 詩集 〈노송(老松)〉을 낸 후, 5년 만에 세 번째 詩集 〈낙일(落日)〉을 『月刊 純粹文學社』에서 出刊합니다. 『月刊 純粹文學』은 無名의 저를 처음 文壇에 登壇시켜 오늘이 있게 해주셨기에 더욱 소중한 文壇입니다.

　詩를 쓸수록 내가 쓴 詩에 부끄러움을 느끼면서 한편으로는 꼭 이렇게 쓰고 싶었음을 스스로 확인하면서 詩를 쓰고 있습니다. 그러니 나는 얼마나 뻔뻔한 詩人인가요. 그렇지만 그런 뻔뻔함이 없다면 어떻게 한 줄의 글이라도 쓸 수 있겠는가 싶네요.

세 번째 詩集에 수록된 詩들은 오래전에 내가 쓴, 혹은 발표한 詩들을 찾아 내어 그 詩들을 중심으로 내가 추구하고자 했던 詩의 세계를 그리고자 했습니다. 혹 그 詩의 세계가 偏狹되고, 完全치 못하더라도 앞으로 더욱 配慮해 주시고 激勵해 주심으로 좋은 詩를 쓸 수 있는 길을 열어 주시기를 懇請드립니다.

　특별히 이 詩集이 나오기까지 "혀 神經痛"이 치료되지 않은 상태로 5年이 지나도록 몸이 불편한 나에게 한 번도 불평이나 짜증이 없는 아내 〈蔡舜姬〉 勸士님에게 끝없는 愛情과 感謝를 드립니다. 아픔을 겪는 몸이었지만 아들딸과 며느리, 사위, 손자, 손녀들이 항상 든든한 버팀목이 되어 詩를 계속 쓸 수 있도록 해 주었습니다. 내 주변의 많은 親舊들과 知人들이 또 나를 지탱시켜 주는 힘이 되어 주었음이 고맙습니다. 앞으로도 더욱 感銘 깊은, 精誠이 담긴 詩를 쓸 수 있도록 여러분들의 끊임없는 聲援과 이끌어 주심을 바랍니다.

부족한 저를 이끌어 끝없는 關心과 拍手로 힘을 주시고, 바쁘신 중에도 특별히 시간을 내주시어 詩集 發刊에 따른 깊이 있는 跋文을 써주신 〈蘇在浩〉 會長님께 감사를 드립니다.

　詩集 〈낙일(落日)〉이 出刊되기까지 모든 과정을 살펴주신 '月刊 純粹文學社' 〈朴永河〉 主幹님과 '純粹文學社'의 여러분들에게 깊은 感謝를 드립니다.

　이 詩集을 통하여 저를 이제까지 引導해 주신 하나님께 榮光을 드립니다.

2024년 9월 25일
孝子洞 '힐스테이트아파트'에서
韋堂 金桓生

| 목차 |

◆ 시인의 말 · 11
◆ 발문/소재호 · 128

1부

낮달 · 21
아비, 아브라함 · 22
맹인(盲人)의 관광 · 24
산을 오르네 · 26
민들레(2) · 27
나비 · 28
껍질(2) · 29
도라지(2) · 30
만경강(萬頃江)(6) · 32
겨울 여행 · 33
우수(雨水) 지나 · 39
텃새 · 40
지리산(智異山)에서 · 42
구름 · 44
이쁜 여자 · 45
내가 쏜 화살은 · 46
낙일(落日) · 47
가물(2) · 48
고가(古家)에서 · 49
불귀(不歸) · 50
나뭇등걸 · 51
처가(妻家)의 우물 · 52
내 것 · 54

2부

종 소리	57
바람(2)	58
새 울음	61
춘맥(春麥)	62
령(令)	63
노래(4)	64
유시(遺詩)	66
무덤에서	68
비둘기(2)	69
산상보훈(山上寶訓)	70
아내의 친정(親庭)에는	72
산태(山汰)	74
밤비(2)	76
산호(珊瑚)	77
사월(2)	78
백목련(白木蓮)	79
모란(牧丹)	80
호수	81
달(2)	82
낙엽(2)	84
落日(2)	86
입동(立冬)	87
달마(達磨)	88

3부

그믐달	• 93
탈출	• 94
뒷산에서	• 97
연(蓮)꽃(2)	• 98
연(蓮)꽃(3)	• 100
백정(白丁)	• 101
하늘	• 102
선인장(2)	• 105
풀꽃(2)	• 106
풀꽃(3)	• 108
이른 봄	• 109
낙일(落日)(3)	• 110
남풍(南風)	• 112
보릿고개	• 113
허수아비(3)	• 114
게(蟹)	• 115
둥지	• 116
낙화유수(落花流水)(2)	• 117
친구	• 118
세례 요한의 일상(日常)	• 120
안개 속에서	• 122
숲에서	• 124
세월	• 126
주님이 오셨습니다	• 127

1부

낮달

개울
징검다리를 건너면

마을 뒷산
석축(石築)을 쌓은 무덤가에
연분홍빛 진달래

장독대 앞
산수유(山茱萸) 한 그루
홍매화(紅梅花)도 피었는데

꿈 속에서 보았던가?
인적(人跡)이 끊겨
적막한 폐가(廢家)

낮달이 중천(中天)에서
봄을 슬퍼하고 있었다.

아비, 아브라함

이삭은 아브라함의 아들입니다.
아브라함이 100세에 얻은 아들 이삭을
번제(燔祭)로 바치라고
여호와께서 말씀하셨을 때
그는 아들과 함께 산에 올라
아들을 결박하여
단(壇) 나무 위에 놓고
손을 내밀어 칼을 잡고
이삭을 잡으려 할 때
아브라함의 순종을 보신 여호와께서
「네 아들 네 독자라도
내게 아끼지 아니하였으니
네가 하나님을 경외하는 줄을 아노라」하시고
아들에게 손을 대지 말라
말씀하신 일,
아브라함에게 이르되
내가 네게 큰 복(福)을 주고
네 씨로 크게 성하여
네 씨로 천하만민이 복을 얻으리니
이는 네가 나의 말을
준행(遵行)하였음이니라고 하셨습니다.

그렇게 하나님께 순종하고
그처럼 아비를 신뢰하는 아들이
지금 세상에는 없어서
아비, 아브라함과
아들, 이삭이
참으로 우리들을 부끄럽게 합니다.
아브라함의 순종을 보며
나는 지금
하나님께 순종하는가를 살핍니다.

맹인(盲人)의 관광

맹인(盲人)이
관광을 한다.

지팡이를 두드리며
더듬더듬

그는 지금 오월(五月)의 산수(山水)를
지팡이로 느끼고 있다.

빛나는 햇빛과
아카시아 향기와
푸르른 녹음(綠陰).

가볍게 차려 입은
여인의 맵시뿐만 아니라
그녀의 맹목(盲目)까지도
지팡이로 읽는

맹인(盲人)의 저 처절한
섬세(纖細)함……

맹인(盲人)은 온 세상을
진동(振動)으로 본다.

산을 오르네

산을 오르네.
겨울 산을 오르네.

맨몸 마주 비벼
비로소 살아 있음을 확인하는
나무들의 환희

앙상한 나뭇가지
가지마다 잠시 머문
겨울 햇살 흔적이
얼마나 반가운가.

같은 산에 뿌리내리고
같은 하늘 밑 숨 쉬게 되는
그런 인연이
어디 예삿일인가!

민들레(2)

빨강 노랑 색색으로
눈부신 사월(四月)

민들레를 보고 있으면
무단(無斷)히 설움이 인다.

길섶에 앉아 밟혀서가 아니다.
봄볕 쏟아지는
담장 밑에 피어서가 아니다.

내 누님같이 해맑은 웃음
너는 또
어느 하늘로 가려 하느냐?

나비

도래솔 두세 그루
늙은 소나무

달빛에 비치는
오래된 무덤 하나

어디 죽는 것이 사람뿐이랴!

이름이 지워지고
시나브로
옛이야기가 지워지고

어렵게 봄을 맞은 나비 한 마리
하늘길을 헤맨다.

껍질(2)

나무마다 껍질이 있다.

독(毒)하기로 작정한다면
밑동째 몽땅 잘린들 어떠랴.
껍질을 만들기로 하자.

백제 황산벌(黃山伐)의
말발굽 소리 같은
탄력 있는 껍질을 만들기로 하자.

긁히고 찢기고 부러져도
아픔도 수모도 아닌
매운 껍질을 만들기로 하자.

껍질의 틈새에서
미처 껍질을 빠져나오지 못한 햇살의
여린 모습도 보이지 말도록 하자.
그냥 껍질은 껍질이게 하자.

도라지(2)

한 늙은이가
스스로를 신의(神醫)라며
그가 신의(神醫)가 된 것은
도라지 때문이란다.

도라지를 캐어
골짜기 너럭바위에
흙째로 올려놓으면
밤새도록 도라지에
쏟아지는 별빛이
새벽 맑은 이슬과
찰떡궁합(宮合)이 되어
도라지와 한몸이 된단다.

매일 끼니때마다
밤새도록 별빛으로 적셔진
도라지 뿌리를 먹던 늙은이는
그래서 신의(神醫)가 되었단다.
노령산맥(蘆嶺山脈)의
신의(神醫)가 되었단다.

그렇게 말을 하지만
늙은 신의(神醫)를 만나기 위해
찾아오는 아픈 사람이
몇이나 될까?

끼니 때마다 도라지 뿌리를
정성껏 챙겨 먹고
신의(神醫)가 되었다던 그가
백세(百歲)를 넘기지 못하고
노령산맥(蘆嶺山脈)에 묻혀
밤마다 하늘에
별빛을 토해 내고 있다.
노령(蘆嶺)의 한(恨)이 섞인
넋을 토해 내고 있다.

만경강(萬頃江)(6)

전라도 여자들이 몸 푸는 날은
전라도의 모든 강이 울더라
영산 섬진 동진강들이
그 강(江)들의
모든 샛강(江)과 더불어 우는데
그 중에
만경강(萬頃江)이
가장 슬피 울더라

전라도 여자들이
몸 푸는 날은
전라도의 모든 산(山)도 울더라
산(山)의 무덤들도 울더라
소백산맥도
거기 붙어사는 모든 나무들도
풀들도
바위들도
노령(蘆嶺)산맥과 한 덩이로
애틋하게 울더라

겨울 여행

겨울 어느 날 여행을 나섰다.

처음 들른 나라에는 빛이 없었다.
어디를 둘러보아도 깜깜한 어둠
그 나라에서는 아무것도 볼 수 없었고
사실, 아무것도 없었다.
빛이 없는 그 나라에는
무엇이건 있을 이유가 없었다.
거기에서 내가 보고 싶었던 것은
빛나는 태양과
푸른 하늘과
하늘에 흘러가는 하얀 구름과
구름 아래 낮게 누운 보리밭
보리밭 사이로 가볍게 오르는
종달새의 비상(飛翔)이었다.

어떤 나라에는 소리가 없었다.
그 나라에선 소리를 들을 수가 없었다.
소리가 없다는 것은
모든 것이 죽어 있거나
죽은 시늉을 하고 있다는 말일 것이다.

생명이 있는 것들은
어떻든 소리를 낸다.
이를테면 바람 소리, 물 소리, 새 소리,
부서지고 깨어지고 쓰러지고 넘어지면서
저절로 나오는 소리들,
살아 있는 것이라면
형체 없이 움직이는 영혼의 슬픔조차도
소리를 낼 터인데
그 나라에서는 소리라곤 들을 수가 없었다.
내 귀가 어찌 된 건 아닐까?
아우성이나 소음(騷音)이라도 들렸으면
무슨 소리가 되었건
하다못해 장송곡(葬送曲)이라도 들렸으면 싶었다.

형태를 지닌 것들이
마땅히 보여야 할 터인데 보이지 않고
보이지 않을 추상적인 것들이 보이는 나라도 있었다.
그 나라에서는
책상이나 의자, 만년필 등은
하나의 관념일 뿐 모습을 볼 수 없었고
행복, 사랑, 기쁨과 같은

우리들이 항시 소망할 뿐 볼 수 없는 것들이
생생히 눈에 보였다.
그 나라 최고의 아름다움이라는
죄(罪)의 모습이 보였다.
죄(罪)는 모든 사람들에게 쾌락이었다.
희열이었다.
힘이었다.
죄(罪)는 모든 사람들을 부자로 꾸며 주었다.
권세를 쥐여주고 명예를 안겨 주었다.
죽음조차 죄(罪) 앞에서는 무력하였다.
그 나라에서는
모든 형이상(形而上)의 관념들이 보였다.
온몸에서 피를 흘리는 온유(溫柔)가 보였고
혁신(革新)이 비싼 값으로 거래되고 있었다.

또 어떤 나라는
썩어 가는 것들뿐이었다.
신선한 것은 아무것도 없었다.
썩을 수 있다는 것은 참으로 다행스러운 일이다.
썩어 가는 것들은
토양과 하천, 생선, 과일, 우유 등으로

양심(良心), 도덕(道德), 윤리(倫理), 정의(正義)가
제도(制度)나 주의(主義)와 함께 썩고 있었다.
사랑은 가장 독한 냄새를 내며
종교(宗敎)의 바로 곁에서
신앙의 속살을 보이며 썩고 있었다.
어디서부터 썩은 것들을 치워야 할지
도저히 손을 댈 수 없는 나라,
그 나라에서는
윗사람이 재채기를 하면
아랫사람들은 급성폐렴으로 폐(肺)가 썩어 숨을 못 쉰다.
왜 그 나라에서는
모든 것들이 썩기만 할까?
방부제가 없는 것일까?
만일 방부제를 만들 수 없는 학문(學問)이라면
정치(政治)와 예술(藝術)이라면
이미 그 모든 것들도 심하게 썩어 있을 것이다.

어떤 나라에는 바람이 없었다.
물이 없는 바다도 있었다.
하늘이 없는 나라, 신문이 없는 나라,
분별(分別)이 없는 나라, 스승이 없는 나라도 있었다.

마지막으로 들른 나라에는
밤이 없었다.
그 나라에서는 별을 볼 수 없었다.
꿈을 볼 수 없었다.
투명(透明)이라는 무서운 전염병으로
일체가 다 들여다보이는 이 나라에서는
모든 성장(成長)이 정지되면서
어른들은 죽지 않고
아이들은 자라날 수 없었다.
질병이나 고통, 죽음조차도
그 나라에서는 생각할 수 없었다.
별을 볼 수 없게 되면서
별자리에 얽힌 애틋한 사랑 이야기도
밤을 새우며 시(詩)를 읽는 아픔도
사라져 버린 나라.
밤이 없는 나라는
모든 것이 절망이었다. 죽음이었다.

이상한 나라들…
겨울 여행을 하며 들려본 나라들.

이 세상에는
내가 모르는 또 다른 이상한 나라들이
수없이 있을 것이다.
그 이상한 나라들을 여행하면서
그 나라들의 어떤 곳에서도
진·선·미·평화(眞·善·美·平和)를
참으로 찾고 있는 사람들이 없다는 것과
그 사실을 아무도 슬퍼하지 않고 있었음을 알게 되었다.

우수(雨水) 지나

우수(雨水) 지나
산에 올랐다.

문득 절벽을 보니
바위에 보이는 틈
바위는 부서져 돌이 되고
돌이 부서지면 흙이 되고

'흐르는 세월에는 바위도 부서지지.'

평범한 이 사실을
칠십을 훨씬 지나 알다니

우수(雨水)를 지났어도
산바람이 아직 차다.
바위틈에 스며든 물방울이
비수(匕首)처럼
시리다.

텃새

텃새야!
텃새야!
불쌍한 새야!
몇 해가 바뀌어도
털갈이도 다 못하고
늙은 솔 굽어 사는
산마루를 차마 못 떨쳐
평생을 노령(蘆嶺)에 붙어사는
토박이 새야!

항상 볼 수 있는
흔한 모습이라서
아무도 너에게 관심 두지 않아도
그래도 살던 숲에
정(情)이 더 가지!

철 따라 멀리 가는
나그네새
부러울 때도 어찌 없으랴마는
'잘 가거라' 당부하고
돌아서면

눈물 몇 방울은
골짜기 쉼없이 흐르는
맑은 물인데

텃새야!
텃새야!
참 미련한 새,
외로운 새야!
숲 속에 부는 바람은
또 무슨
슬픔을 불러다가
너를 울리려는 것이냐.

깊은 밤 오늘은
별빛도 제 갈 길이 바쁘단다.

지리산(智異山)에서

지도를 보면
경상·전라(慶尙·全羅) 마주 닿는 경계가
꼭 있는 것도 아닌데
경상·전라(慶尙·全羅) 이 끝에서 저 끝이
반 뼘 길이도 못 되는데,

그 사이
손금처럼 이웃한
산마루며 샛강(江)들이
정말, 서로 다른 산천(山川)인가!

비바람 눈보라
가뭄 홍수
땅을 가려 덤빈 적 없고
반만년
숱한 내란(內亂), 외란(外亂)
한몸으로 물리쳐 온 내 조국

해가 뜨면
차림새도 눈빛도
마음까지도

고춧가루에 푸욱 빠진
김치 맛의 사람들
깍두기 모양의 사람들

그들이 어쩌다
무슨 진티로
성화를 대고, 짜증을 내나!

오늘은
지리산
다복솔 곁 바위에 쪼그려 앉아
언 손을 문지른다.

햇빛이 손등을 감싸며
말꼬리를 길게 남긴다.
'가슴 속 쌓은 응어리를 먼저 풀어야……'

구름

구름아!
너 가는 곳이 어디냐?

수시로
모습을 바꿔 가며
어디에도
아니 머물고

어린 뺨에
잠시 머문 젊음이
아주 멀리
떠나듯

구름아!
너 가는
가없는 하늘 끝이
너무 멀구나.

이쁜 여자

이쁜 여자의 눈은
이쁜 그만큼 공허하다.

이쁜 여자의 입술은
이쁜 그만큼 가볍다.

그러나
이쁜 여자의 이쁜 가슴은
이쁜 그만큼
뜨겁다.

내가 쏜 화살은

내가 쏜 화살은
이쁜 여자의 이쁜 가슴을 겨누어
쏘아 보낸 화살은
한번도 적중(的中)되는 일이 없다.
내가 화살을 쏠 때마다
이름 모를 새 한 마리가 날쌔게 날아와
내 화살을 물고
어디론가 사라졌다.
나는 언제부터인가
이쁜 여자의 가슴 대신에
그 새의 행방을 찾고 있지만
그때부터 새는 나타나지를 않는다.
화살을 물고 어디론가 날아간 새의 내력(來歷)을
나는 사랑하는가?

낙일(落日)

못 이룬
사랑이다.

죽어서도 못 지울
님의 눈이다.

가물(2)

쩍쩍 갈라진
고추밭
옷고름 풀어진
과수댁(寡守宅)

청천(靑天) 벼락을 맞아 죽어도
팔자소관(八字所關)이겠지만

아아!
허리춤에 든
저 불을
어쩌지.

고가(古家)에서

토담 곁 머위 잎
우물 속 젖은 이끼

산마루 저녁노을
거미줄에 매였는데

오래뜰에
백 년쯤은 자랐을 은행나무

아아, 나도
저만큼 세상을 살 수 있을까?

텃밭
들깨 꽃 향기
고가(古家)를 휘어 감고

처마 밑
굴뚝을 맴도는 잿빛 연기

도솔(兜率)이
바로 지척이었구나.

불귀(不歸)

어떡할거나?
어느덧 여름이 가고
노란 국화 꽃잎도 이미 시들고
지금은 눈이 내린다.

내리는 눈빛이
예나 지금이나 하얗듯
국화 꽃잎
노란빛 그대로
다시 필 텐데

한번 보낸 여름은
어디 가서 찾아야 하지?
국화 꽃잎 속에 덧없이 보낸 가을은
어디 가서 불러야 하지?

나뭇등걸

줄기가 뭉턱 잘려나가서
뿌리만 박혀 있는
나뭇등걸이
아직은 죽질 못해서
땅 위로 솟구친 뿌리 사이사이
높이 줄기를 뻗을 수도
꽃을 피우고 열매를 맺을 수도
전혀 가망이 없는
새싹을 내는
이 기막힌 슬픔이여!

아아 언제쯤이나
이승에서 저를 놓아줄지
나뭇등걸은
알지 못한다.

처가(妻家)의 우물

처가(妻家)의 우물에서는
시계 소리가 난다.

겨울 어느 날 이른 아침
장지문 밖 처(妻)에게 건넨
요강이 엎질러지며
마당으로 구른 놋쇠 요강 소리에
처마 밑의 굴뚝새도
울타리의 참새도
새벽잠에서 깨어 눈이 휘둥그레지고
아침부터 오줌을 뒤집어 쓴
처(妻)의 눈도 크게 떠지고
마당으로 불던 찬바람도
무안(無顔)해서 꽁무니 빼고
혹시나 처가(妻家)의 식구들이 깨었을까 싶어
조심스러운 아침

젠장, 처가(妻家)에서 이것이 무슨…

처(妻)는 요강을 들고
나는 그 뒤를 멋쩍게 따라가

두레박을 내리는 깊은 우물,
그 속으로
하필 그 시간에
끊긴 시계 줄이 빠지며
'아따! 꼭두새벽 오줌 냄새가
독(毒)허기는 정말 독(毒)헌 모양이여!'

그렇게
요강 살(煞)이 풀어지고
그 뒤로 처가(妻家)의 우물 속에서는
똑딱똑딱
맑은 시계 소리가 난다.

내 것

산골 바람 소리는
산의 것이지.
흰 눈에 희게 덮인
털빛 하얀 산토끼도
산의 것이지.
다람쥐·까투리·사슴·노루
건방진 멧돼지도
산의 것이지.
새로 생긴 무덤도
눈보라에 흔들리는 마른 갈대도
겨울잠을 자고 있을
구렁이의 포근한 잠자리도
모두 모두 산의 것이지.

그러나
산마루 흘러가는 구름을 보며
내 영혼에서 터져 나오는
내 입술의 슬픈 노래는
산을 따라
골짜기 골짜기
가는 곳 끝이 없지만
죽어서도 영원히 내 것이겠지.

2부

종 소리

종을 친다.
당목(撞木)을 당겨
멀리 띄웠다가
힘차게 종을 친다.

더어어엉~

장엄한 소리
마침내 은은하게
멀리멀리 울려 퍼지는 종 소리

내 혼(魂)을 흔들고
구천(九天)을 떠돌던
원혼(寃魂)들도
모두 다독여 주는 소리

아, 그런데
저 종(鐘) 속에 갇혀
필경 빠져나오지 못하고
부딪치는 소리들의
아우성은
무엇으로 풀어주어야 하는지?

바람(2)

달빛처럼 하얀 갈대꽃
흐드러진 산길을
다시 걸을 수 있을까?

땡그랑 땡 땡그랑 땡
어헤 어헤 어화 넘자 넘
실성(失性)한 세월, 까맣게 속이 썩은 울부짖음을
눈물과 섞어 갈아
홍포(紅布)에 문지르고
남포(藍布)에는 갈겨 써
긴 장대에 매단 만시(輓詩)를 보라
생전(生前)엔 앞세워 보지 못한
큰 깃발 펄럭이며
꽃상여 앞길을 가고 있으니

인제 가면 언제 오나!
한번 가면 못 오는 길
기약 없이 떠나는 길, 북망(北邙)이 눈앞이네.
공수래(空手來) 공수거(空手去)라
빈손으로 왔다가 빈손으로 가는 인생
하염없이 빈손인

인생무상(人生無常)의 구구절절(句句節節), 어느 탄식엔들
슬픈 눈물이 없으랴
공(空)도 색(色)도 결국은 같은 자리라는데
어이 가리 넘자 넘

바람아 바람아
네가 흔들어대는
깃발 끝에서 보면
황천(黃泉)길 홀로 걷는 저 망인(亡人)이 보이느냐?
이제는 너만이
험한 산 첩첩 산길
저승길을
마지막 벗해주는 풍정(風情)을 지니고
갈대꽃 너울너울 흔들어 주느니

쉬 모두 물렀거라
무당년 칼바람도 물렀거라
급살(急煞)맞아 죽은 귀신
총각 귀신 처녀 귀신
굶어 죽고 맞아 죽고 빠져 죽고 병들어 죽고
돈독(毒) 올라 죽은 귀신

지랄 발광(發狂)하다 죽은 귀신
온갖 귀신들은 모두 비키거라
땡그랑 땡 땡그랑 땡
어혜 어혜 어화 넘자 넘
어이 가리 넘자 넘

박꽃처럼 하얀
갈대꽃 흐드러진 산길을
홀로 가는 저 벙어리의
원통한 생전(生前)에
까맣게 까맣게 속이 썩은 울부짖음을
일월(日月)에 듬뿍 적셔
비단에 뚝뚝 떨어뜨린 만시(輓詩)를
바람아 흔들어라
세차게 흔들어 주어라.

새 울음

이른 봄
산에 올라
새 울음을 듣는다.

언제나
조금은 서글픈
새 울음의
낮은 여음(餘音)에
한 가닥 햇빛도
잔설(殘雪)을
차마 어쩌지 못해
푸른 솔잎과
수작(酬酌)이나 하고 간다.

해가 지면
깊이 잠든
꽃들의 꿈에 붙어
동백(冬柏)꽃 두어 송이
급히 피우고
새 울음은 산바람이 되어
뒷산으로
살그머니 숨는다.

춘맥(春麥)

이른 봄
혹한(酷寒)

하늘도 가끔
사랑 다툼을 하는가 보다.

무심(無心)히
부는 바람인데
보리밭 서릿발이
송곳처럼 치솟으면
전신을 욱죄는
사랑니의 아픔

새봄을
바로 눈앞에 두고
보리 싹 몇
혼(魂)쭐나겠다.

령(令)

이 세상
슬픈 짐을
훌훌 벗어버리면
생전(生前)의 무거운 육신
얼마나 가벼우리.

때가 이르면
이승도
그의 업(業)도 모두 거두고
힘든 영혼 또한
가까이 부르시련만

오늘도 아니 부르신다.
내게 맡겨주실 일이
아직 남아 있는가 보다.

노래(4)

잠깐 이승에
어찌 이리 힘든 일도 많은지.

박복(薄福)한 세상살이
살아온 만큼
아직도 아득한
생명줄을 따라서
끊임없이 쫓아온
슬픔도
그래 인연이더냐!

돌아보면
지지리 못난 목숨
가난도
이제는 정들만한데

만일
슬픔으로
내 영혼(靈魂)이 고와질 수 있다면
인연의 고삐야
기구한들 어떠랴!

아아!
오늘 밤에도
별빛이 맑다.

유시(遺詩)

때가 되면 가게 되는
빈손 인생,
어느 것인들 내 뜻이리!

세상일 슬퍼 말아라.
어차피 우리는
눈물로 피는 꽃

찬란한 꽃
활짝 피우고 시들건
봉오리로 시들건
떨어지는 곳
결국 같은 품속인 것을……

정(情)이란
외로운 사람들이 만드는
눈물,
그 눈물도
생전(生前)뿐이더라.

겨우내

온갖 마음을 모아 피운
동백(冬柏) 꽃잎도
한번 지니
고운 빛이 잊히는데

하물며
뜬구름 인생(人生)이야.

그러나
너와 나의 연분(緣分)은
죽음으론들
어찌 차마 잊으리!

나는 죽어서도
눈물로 피는
봉오리가 되리라.

무덤에서

산(山)에 오른다.
어느 사이
붉은 진달래꽃
여기저기 피어있는데

무덤마다
생전의 탐욕들이
둥글게 솟아 있다.

산(山)에서도
욕심은 끝이 없는가?

오늘도
산(山)에 오르며
무덤을 바라본다.

진달래꽃 한 송이에
눈물이 흐른다.

비둘기(2)

운동장에서
몇 명의 아이들이
비둘기를 쫓고 있다.
푸드득
비둘기가 날아오를 때마다
하얀 구름이 흔들린다.
하늘에서 빛나는
깃털을 따라
비둘기의 비상(飛上)을 보는
아이들의 웃음이
점점 어두워진다.
아이들은
비둘기의 이륙(離陸)이
눈물임을
비로소 안다.

산상보훈(山上寶訓)

갈릴리와 데가볼리와
예루살렘과 유대와
요단강 건너편에서 쫓아온
허다한 무리들

산상(山上)에는
수백의 남녀의 눈들이 있다.
근심으로
예수를 바라보는 사람들

수백의 귀들이 있다.
놀람으로
말씀을 듣는 사람들

수백의 마음이 있다.
욕망으로
제 마음을 들여다보는 사람들

그 많은 사람들 가운데
믿음의 눈과
소망의 귀와

사랑의 가슴으로
그분의 슬픔을 애통(哀痛)해 하는
그런 마음을 지닌 사람들은
정말
몇이나 될까?

아내의 친정(親庭)에는

아내의 친정(親庭)에는
시골 맛이 있다고 합니다.

뒤란 고추밭에선
한여름 햇님도
콧물을 줄줄 내는
그런 매운맛의
토종(土種) 고추가 주렁주렁 열리고
대청마루에 누우면
앞마당 은행(銀杏)나무에서 부는
서늘한 바람에
한낮에도 등이 시리답니다.

아내의 말로
친정 여름밤에는
마당 한가운데 멍석을 펴고
매캐한 암눈비앗 연기에 묻혀 흐르는
하늘의 별들을 헤면서
칠순(七旬)의 할머니가
입담 좋게 들려주시는
호랭이 담배 피우던

그 시절의 이야기를 듣는답니다.

처마 밑에 떨어진
제비새끼의
부러진 다리를 동여매 주고 복을 받은
착한 홍보(興甫) 이야기랄지
아비의 눈을 뜨기 위해
공양미 삼백석에 몸을 팔아
인당수에 몸을 던진 심청(沈淸)이의 효성과
그 바다에 떠 오른 연꽃 얘기 등
우리들이 너무 잘 아는
케케묵은 이야기를 들으며
사랑이 무엇이고
사람이
어떻게 살아가야 하는지를 배운답니다.

아내의 친정(親庭)에서 나는
인정(人情)을 알게 됩니다.

산태(山汰)

짜르르
천둥 벼락
와르르
바윗돌 구르는 소리

산비탈이 무너지고
늙은 솔이 쓰러지고

산태(山汰)가 나도
아주 크게 나는가 보다.

화살 맞은 멧돼지가
거칠게 날뛰다가
꼬꾸라지듯
산이 무너진다.

참싸리도
빗살나무도
토사(土砂)에 깊이 묻히고

능구렁이도

어찌할 바를 모른다.

모든 게 팔자(八字)땜
천벌(天罰)이라고

에이 여보슈-

착한 목숨들이
저리 산 채로 묻히는데도
팔자(八字)땜이라
말하는 앞산

앞산은
산(山)이 아니외다.
그냥 흙더미외다.

밤비(2)

아내는
친정(親庭)에 남고

나 혼자서
온 밤

비가 내린다.

옆집 아이의
자지러지는 울음소리

꽃잎 떨어지는
무서운
꿈을 꾸었나 보다.

백일홍(百日紅) 꽃잎이
밤비에 떨어진다.

읽고 있던
책(冊)을 덮었다.

산호(珊瑚)

분홍빛
산호를 본다.

육십을 바라보는
이 나이에도
바다는
온통 산호빛이다.

어느 용궁(龍宮)에서 떠올라
밀물에 실려 왔는지
바닷속
신비를 모두 담고

오늘은
아내의 화장대 위에서
고운 빛으로
살뜰하게 웃는다.

사월(2)

이른 사월
꽃샘바람
부르튼 입술

삭풍 눈보라에
주저앉은
울타리

개나리 노란 꽃잎이
오늘따라
눈물겹다.

백목련(白木蓮)

1
가난이 어디
예사(例事) 연(緣)이더냐.

천기(天機)로 가족이 되어
곁방살이 시절이며……

2
이른 봄 뒤뜰
꽃이 되던 달빛

꽃잎처럼
평온히 잠든
가족들의 숨소리

곱게 피는 백목련(白木蓮)이
얼마나 예뻤는지!

모란(牧丹)

활짝 핀
모란

신라(新羅) 이십칠 대
선덕여왕(善德女王)은
모란꽃에 향기 없음을
여왕의 육감으로 아셨는데

'꽃은 향기가 생명이니라'

천년(千年)을 지나서도
말씀하시고

천년(千年) 전
그 진홍(眞紅)빛 입술로
오늘 아침에도
웃으신다.

여왕(女王)처럼 환히 웃으신다.

호수

호수에
꽃잎이 진다.

하늘이
물 속에서
잠시 흔들린다.

몇백 겹의
물결이
동그란 물무늬를 이루며
호수 끝을 향해
떠난다.

동그라미를
모두 떠나보내고
호수는
또 다른 꽃잎들의
물무늬를 보내기 위해
짧은
고요를 이룬다.

달(2)

하얗게
박꽃 피는 밤이다.

달무리 속으로
빠져드는
늙은 소 울음

세상의 모든 시름이
박꽃 속에 고인다.

처자식(妻子息)
멍에에 눌려
쟁기 끌며 살아온
평생(平生)

척박(瘠薄)한 땅
몇 천(千), 몇 만(萬) 이랑을
더 갈아야
내 멍에가 벗겨지려나.

달아 여기를

비춰라.

하늘까지 못 닿는
늙은 소의 슬픔이
박꽃 속에서
하얗게 웃는다.

낙엽(2)

늦가을 저녁
친구의 부음을 듣다.
부음을 듣는 일이
어디 한두 번인가.

처음 부음을 들었을 때는
하늘이 두렵고
땅도 무서웠는데
이제는
하늘에도
땅에도
뻔뻔하여
죽음 앞에서도
적당히 낯빛을 꾸며
슬픈 시늉만 한다.

어찌 된 일이냐?
늦가을
퍽 쌀쌀해진 바람에
흔들리던 낙엽이
뚝 떨어지는데도

적당히 진화된 나의 양심은
아아! 너무
천연(天然)덕스럽다.

落日(2)

산마루
비껴 넘는
늦가을 여린 빛

아아!
애처로운 저녁노을

애옥살이 한평생
곡절(曲折)도
퍽 많은데

핏줄이 마르고
백발(白髮)이 성성해서야
아름다움에 눈이 뜨이고

뒤뜰 단풍(丹楓)을 보며
비로소
미운 정(情)에도
눈물이 고인다

입동(立冬)

떠돌이
개똥 아범의
밭은기침
밤새도록 핏빛이더니
역마살(驛馬煞) 한평생에
별들도
울었나 보다.

소리 없이
눈이 내린다.

달마(達磨)

한 줌 허공을 거머쥐니
손가락 사이로 흘러나온 허공은
벽이 되었다

면벽(面壁) 몇 년인데

마음 한 번 바라보기
이리 어려운 일이던가?

벽은 집요하게
나를 희롱하며
동백(冬柏) 꽃잎으로
모란(牧丹) 꽃잎으로
그 꽃잎들의 깊은 수렁으로
나를 끌고 간다.

달마(達磨)는 거기에서 웃는다
소림사(小林寺) 스님들의 모든 웃음으로 웃는다

〈알고 있는 모든 것을 잊어야
참으로 알게 되나니

마음을 보았다고 생각하면
이미 그것은 마음이 아니니라〉
말씀하시고
홀연히 사라지는 곳

벽은 벌써
손가락 사이로 스며들어
허공이 된다

달마(達磨)는
거기에서 다시 웃는다

3부

그믐달

이제
나는
울 힘도 없네

온몸이
삭고
바스라져

한 가닥
야윈
등뼈만 남은
그믐달……

아아
가난은
그런 것이네.

탈출

1
막다른 골목길에
종루(鐘樓)가 있다.
새벽부터 종을 쳐
잠든 예수를 깨우는
종지기에게
잠이 덜 깬 예수는 말한다.
'애통하는 자는 복이 있나니
저희가 위로를 받을 것임이요'

2
먼동이 튼다.
가을 햇빛에 드러나는
아침 식탁 위에
이웃의 부고(訃告)가 놓여 있다.
이웃의 부고(訃告)를 들고
사랑을 착취하여 얻어 낸
이익금으로
커다란 관(棺)을 만들어
그 속에 예수를 감금하고
교회들은

자기들이 만든
순금(純金)의 십자가에 예배를 드린다.

3
사랑을
술처럼 퍼마시는
겨울 아침에
종 소리가 차단된 관 속에서
예수는
교회에 십자가를 뺏긴 채
부활 없이 죽어 가는데
누구도 그 관 속에
누가 있는가를 확인하지 않는다.

4
아침이 되어도
햇빛이 들지 않는
나의 내실(內室)에
종 소리가 들어와
나가지를 못하고 몸부림이다.
어제 저녁

빙판에서 미끄러진 기도가
일어서지를 못해
문을 열지 못한다.
우리는
감금당한 것인가?

5
문(門)이
열리지 않으면
아무도
탈출하지 못한다.
문(門)아 열려라!
문(門)아 열려다오!
문(門)이 열리는
기적이여!

뒷산에서

해질녘
뒷산 마른 갈대를
쓰러뜨리며 쓰러뜨리며
노을은
어느 틈에
들에까지 번지고

새로 생긴
무덤에
유령(幽靈)처럼 내려앉은
까마귀의 털빛이
웬일로
낯설지 않다.

아아
산다는 일이
저승에서도 벅찰 양이면
누가 서둘러
흙을 입고
백골(白骨) 되기를 바라리!

연(蓮)꽃(2)

한 송이 연꽃이 진다.

저기 먼 뫼에서
바람 불고
뇌성(雷聲)도 인다.

하나의 존재가 사라지는데
그만한 일이 없으랴.

모든 소멸(消滅)이
탄생(誕生)으로 부여받은 이상의
슬픔을 주듯

연꽃 지는 일이
슬프다.

그렇게
슬프기는 하지만……

꽃잎이 무너지고
꽃잎 속에 갇혀 있던 시공(時空)은

비로소
자유(自由)가 된다.

연(蓮)꽃(3)

어느 날 이른 아침
연못에 핀
연꽃이 흔들립니다.

먼먼
혹은 바로 내 곁일지도
모를
어느 별에서
어제 밤
슬픈 일이 있었나 봅니다.

생(生)
멸(滅)
그 사이의
가지가지 사연들이
모두 그렇듯

먼 별에서
무슨
기미(機微)만 좀 있어도
연못에선
연꽃이 흔들립니다.

백정(白丁)

시퍼런
칼을 들고
백정(白丁)은
소를 잡을 줄은 알아도
살인(殺人)을 하진 않지요.

허나, 한여름
작열(灼熱)하는 태양은
그 당당한 위세로
숨도
못 쉬게 합니다.

하늘

산마루터기에
막 사라지는 낙일(落日)은
온전히 붉은빛으로
알 수 없는 슬픔을
내 영혼에 비춰줍니다.

길고 긴 여름
뜨거운 볕을 가시로 버티며
장미꽃은 제 향기로
벌, 나비를 불러오고
석류는
흙 속의 숨은 신맛을
오밀조밀 석류알 속으로
빨갛게 모으는 한낮

나는 그 일들을 생각하며
슬프게 하늘을 바라봅니다.

하늘에는
바람을 따라
여러 형상(形象)으로 바뀌는

구름들이 흐르고
이따금 날쌔게 먹이를 채는
제비들의 비행(飛行)이
쉴새없이 반복됩니다.

이윽고, 잠깐 아름다움을 보이고
산마루에 머문 저녁놀이
사라집니다.
그렇게 사라지는 것들은
슬픔입니다.
허나, 슬픔은
행복(幸福)의 다른 모습임을 압니다.

밤하늘에는
수없이 반짝이는 뭇 별에 섞여
먼저 사라진 것들 중의
착한 눈물로 영혼(靈魂)을 씻어야만 볼 수 있는
가장 슬픈 얼굴의 별 하나가
흩어진 제 빛을 불러
한 점으로 모은 자리에서
새롭게 타고 있는

또 다른 하늘을 보여줍니다.

아마 새벽까지
내 혼령(魂靈)도
그 하늘에 틀림없이
함께 있을 것입니다.

선인장(2)

선인장은
오랜 가뭄에도
억세게 산다.

줄기를 끊어
모래흙에
아무렇게나 심어도
곧 뿌리를 내린다.

가시는 격조(格調) 높고
육즙(肉汁)은 후덕(厚德)하다.

선인장은
난(蘭)처럼 우아하진 않지만
지체 높은 양반댁(兩班宅)
청상(靑孀)의 모습이다.

나에겐 꼭
그렇게 보인다.

풀꽃(2)

꽃은
피면서 지고
지면서
또 피고

지는 꽃들은
다시 필 것을 믿기 때문에
아름답습니다.

피어난
모든 꽃들이
지게 될 것을 알고
수줍어합니다.

가볍게 부는
마파람에
흔들리며 곱게 핀
이름 없는 풀꽃들이
밤하늘을
올려다봅니다.

반짝이는 별들이
풀꽃과 더불어
밤새워 노래합니다.

풀꽃(3)

풀꽃은
비바람을
두려워하지 않는다.

풀꽃은
자연 앞에
순종할 뿐이다.

별빛을 받으며
풀꽃들이 춤을 춘다.

이른 봄

이른 봄
강(江)가에 서다.

강(江)둑길
아른아른 아지랑이

물 속에 비치는 하늘
아직 시린데

소쿠리에
반쯤 캔 봄나물을
다듬어 손질하는
뽀얀 아낙의 손

햇빛 포근히 스며드는
강(江)물 위로
봄이 흐른다.

낙일(落日)(3)

산마루의
낙일(落日)은
가슴의 피멍인가?

약수터
물 한 모금
뼛속에 시린 까닭을
이제
겨우 알겠는데

어찌하다
이승을 떠나면
너도나도
북망(北邙)에 묻혀
생전(生前)엔 발설(發說) 못한
슬픔의 무게만큼
흙으로
덮일 것을……

삭풍(朔風)
모질게 부는

동짓날
피다 떨어지는
동백(冬柏)꽃

너는
어떤 사람의
슬픈 영혼(魂魄)이기에
산마루에
붉은 피로
지고 있느냐.

남풍(南風)

약수(藥水)터
오르는 길
잔설(殘雪)이 남았는데

삭발승(削髮僧) 머리 위
스쳐 가는 봄빛

초가집
반쯤 열려진
싸리문을 밀치면

앞뜰에 가득한
남풍(南風)

방금 핀
동백(冬柏) 꽃잎
수줍어 붉은데

산 마을 물레방아
행여 돌고 있을까?

보릿고개

봄꽃들
다투어 피며
흘러가는 곳

무릉(武陵)이 지척(咫尺)
도원(桃源)이
바로 옆이래도
누이는
배가 고프단다.

오늘이 소만(小滿)
망종(芒種)은 아직 먼데
청보리는
언제나 여물어
낫질을 하리!

세월(歲月)아!
네게 묻노니
보릿고개
몇 고비를 더 넘겨야
내 누이의
주린 배를 채워줄 수 있으리.

허수아비(3)

허수아비에게 절할 일이다
항상 말이 없고
겸손하고
바람만 살랑 불어도
테가 떨어져 나간 모자를 들썩이며
연신 인사를 한다.

한곳에 오래 서 있어도
한마디 불평이 없고
참새, 멧비둘기 지나가다
내려다보고
'에이 재수 없어
허수아비 대가리!'
물똥을 찍 갈기고 가도
짜증도 내지 않는다.

허수아비는
참 무던한 성인(聖人)이다.
요즘 세상에
존경받을 인물은
허수아비밖에 없다.

게(蟹)

손목 잡아주지 못하고
얼싸안지 못한 사람들이
하나둘이었느냐.

나이 들며
미운 정
고운 정
모두 모두
그리움으로 녹아
만경강(萬頃江) 샛강 따라
소리 없이 흐르는데

저기 뻘밭에
게 울음
색동 빛 노을 속에
홀로 슬프다.

自評: 너그럽지 못했던 세월이 한(恨)스럽네요.
      모두 다 이렇게 지나면 그리움이 되는 것을!

둥지

마을 가까이
흔한 새

밤이면
날개 접고
잠잘 곳
그만하면 되는 것을……

동강 난
나뭇가지를 모아
얼키설키 만든
새 둥지

급히 부는 겨울바람에도
포근한
몇 가닥 햇빛이
참 아늑하다.

낙화유수(落花流水)(2)

꽃잎 떨어져
흐르는 물에
흘러가나니

세상일
이런저런 영욕(榮辱)이
밉고 그리움이
모두
물 위에 흘러가는
꽃잎이네.

친구

사십 년 전
미국(美國)으로 이민(移民) 간 친구!

그 친구의 누님이
서울에 사신다.
한강(漢江)이 눈앞에 보이는
도로변 아파트에 사신다.

어느 날 불현듯
친구의 얼굴이 보고 싶어
누님을 찾아갔더니
잘 마른 들국화 꽃잎
서너 개를 차(茶)에 띄워
정갈하게 내어주신 찻잔 속에서
친구의 얼굴이
누님의 얼굴과 포개어진다.

이제는
환갑(還甲)이 지났을
친구의 미소가
누님의 미소가 되어

나를 반긴다.

아직 살아 있다니
고맙다.

세례 요한의 일상(日常)

야생(野生)의 벌이
산 속의 나무나 돌에 모아놓은 꿀을
석청(石淸)이라 부른다.

약대 털옷을 입고
허리에 가죽띠를 두른
세례 요한은
운이 좋은 날이면
석청(石淸)을 먹고
광야를 헤매다 먹을 것이 없으면
메뚜기를 잡아
불에 구워 먹었을 것이다.

요단강에서
물로 세례를 주던 요한은
'세상 죄를 지고 가는 하나님의 어린양'
예수께서
자기에게로 나아오심을 보기까지
정말 운이 좋은 날에는
석청(石淸)을 먹고
먹을 것이 없을 때에는

메뚜기를 잡아
불에 구워 먹었을 것이다.

주의 길을 곱게 하기 위해
광야에서 외치는
세례 요한은 그렇게 살았다.

안개 속에서

어슴새벽 산을 오른다.
골짜기의
자욱한 안개……

새벽 미명(未明)에
바위 옆 떡갈나무 한 그루
죽어 있다.

이승을 떠나는
한 사람을 보내기 위해
많은 사람들이 모이듯
안개들이 골짜기에 모여
나무의 죽음을 슬퍼한다.

비에 젖고
바람에 흔들린 세월이
퍽 길기도 한데

죽어 가는 나무를
한번도 안아주지 못한
바위!

안개 속에서
바위가
제 설움에 울고 있다.

숲에서

숲 속을 걷는다.
이름 모를 나무들이
나를 바라본다.

바람이 분다.
바람 부는 대로
나뭇잎은 흔들리면서도
나에게서 눈을 떼지 않는다.

낯선 풀들도
크고 작은 돌들도
지지난해 여름 벼락에
가지가 부러진 몸통이 굵은 나무도
나를 경계(警戒)한다.

숲 속에서
나는 무엇인가?

아름다운 숲이라고 느끼며
내가 걷고 있는 길 저만치에서
알록달록 한 마리 뱀이

언제든 내게 달려들겠다며
머리를 세우고 있다.

숲은 무슨 일로
나를 거부(拒否)하는가?

나는 결국
숲 속에서 나온다.
숲에서 사는 것들의 이름을
불러볼 틈도 없이
숲 속을 빠져나온다.

숲 속에서는 여전히
맑고 고운 새 소리가 들린다.

세월

기쁘고
분하고
슬프고 즐거운

이런저런 일……

모이고 흩어지며
한세상이거니

모두가
다 지나가는 것

미움도 사랑도
가슴에 묶어 둘 일은 아니다

주님이 오셨습니다

주님이 오셨습니다.
구유에 오셨습니다.

낮은 곳
구유에 오신 뜻은
겸손(謙遜)히 살라는 말씀이시겠지요.
나도 남은 평생
주님의 겸손(謙遜)을 배우며
살겠습니다.

주님이 오셨습니다.
가난한 자에게 넉넉히 주시고
병든 자 고쳐주시기 위해 오셨습니다.

마음이 슬픈 자
위로(慰勞)해 주시고
세상 죄(罪)
사랑으로 용서(容恕)해 주시기 위해 오셨습니다.

나도
주님 말씀 붙들고
사랑하며 살겠습니다.

◆ 발문(跋文)

〈낙일(落日)〉을 맞이하는 가슴 설렘

소재호
시인, 평론가
전 전북예총 회장

김환생 시인의 제3시집 〈낙일〉 원고를 받아 들고 필자는 온갖 심회(深懷)가 일었다. 김 시인의 인생 여정도 이제 석양으로 저무는구나 하는 생각이 뇌리에 퍼뜩 스쳤다. 시집 제목으로 하필 〈낙일〉을 뽑았을까? 인생 저물 무렵 어떤 정한(情恨)이 맺혔을까? 아니면 허무나 무상 같은 데카당스한 정서나 센티멘탈한 애상의 심경일까? 하는 필자 나름대로의 예단(豫斷)을 하기에 이르렀다.

그러나 그건 아니었다. 시 전편에 흐르는 이미지나 정서는 허무나 무상을 극복한 초연한 심경임을 간파했다.

사실 김환생 시인은 젊은 시절부터 중등교육 현장에서 과학 교사로 봉직했고, 후에는 인문계 고등학교의 교

장으로 한평생을 교육자로서의 사명을 훌륭히 수행했다. 중년에 이르러 인문학 분야인 시 창작에 열을 올린 것은 매우 드문 예일 것이다.

 교육계에서 필자와 교유(交遊)했고 다시 문단에서 동도(同道)의 길에서 인연을 맺었으니 이는 기연(奇緣)이라 할 수 있겠고, 또한 정직하고 올곧은 신념의 한 지성인과 늘그막에 조우(遭遇)한다는 것은 필자에게도 큰 인연복(因緣福)이라 할 수 있을 것이다.

 부언하자면 정직은 물론이고 강직(剛直)하며 외유내강(外柔內剛)하는 자아 확립은 본받을 만한 타의 귀감이 되리라 여겨진다. 그는 개신교도(改新敎徒)로 신앙심이 매우 깊은 장로(長老)로서 남을 위하고, 돕고, 위로하며, 베푸는 일에 영일(寧日)이 없음으로 주변 사람들로부터 이 시대 보기 드문 선비라 일컬어지고 있다.

 그의 〈낙일(3)〉을 보자.
모두(冒頭)에서 저무는 이미지를 확대하여 데카당스한 정서에 대입시키려 했던 필자의 선입견은 너무나 맞지 않은 예단(豫斷)이었다. "낙일"은 저무는 이미지는 맞다. 낙일은, 아름다운 노을을 상정(想定)함이요, 이는 다시 인생의 최후 승화된 아름다운 이미지로의 장식쯤 될 터이다. 대단원의 종말에서 '죽음' '별리' '절망' 등을 극복하고 '동백꽃'으로 윤회하는 승화를 그의 낙일에서 목도하게 된다.

 그 동백꽃은 어둡고 음침한 죽음의 계곡에서 붉은 생명으로 부활하는 이미지이다. 〈낙일〉은 그러니까 마지막으로 '작렬하고 신성한 붉은 생명'쯤으로 되는 형상화이다.

 우수한 시들 70여 편 중에 〈겨울 여행〉을 펴들고 음미(吟味)해 보았다.
 대체로 인생의 여정을 문학적 개념에 견주어 3단계로 구분해 보면, 리얼리티, 픽션, 판타지로 나눈다. 이미 현실은 뼛속 아리게 실감되었으며 이를 통절히 뒤집는 패러독스를 거쳐 새롭게 조직하는 픽션이 전개되고, 그 가상 위에 환각적 이상태(理想態)를 전개시킨다.

 눈이 오는 전경은 삼라만상(森羅萬象)의 실존(實存)과 본질(本質)을 뒤덮는다. 그리고 신(神) 앞에 하나의 통일된 세계를 펼친다. 마치 사막을 홀로 거니는 나그네의 환상에 젖는다. 막막하고, 고요하고, 적막하고, 어둡고, 존재(存在)의 근원(根源)이 부재(不在)로 건너가는 영원성(永遠性)의 무허가(無許可) 눈밭 앞에 굽이굽이 〈겨울 여행〉이다.

김 시인은 모든 지성(知性)과 감성(感性)을 동원하여 맑고 깨끗한 영혼(靈魂)의 세계, 무의식(無意識)의 세계를 여는 기발한 발상으로 시를 펼친다. 참으로 감동적(感動的)인 장시(長詩)이다.

 좁은 안목(眼目)으로 그의 시집(詩集) 발문(跋文)을 초(抄)함에 부끄러움을 느끼며 이만 줄인다.

순수시선 686

낙일落日

김환생 지음

2024. 11. 15. 초판
2024. 11. 25. 발행

발행처 순수문학사
출판주간 朴永河
등록 제2-1572호

서울 중구 퇴계로48길 11 협성BD 202호
TEL (02) 2277-6637~8
FAX (02) 2279-7995
E-mail ; seonsookr@hanmail.net

저자와의 합의하에 인지를 생략함
잘못된 책은 바꾸어 드립니다

ISBN 979-11-91153-74-3

가격 15,000원